NOTICE

HISTORIQUE ET CRITIQUE

SUR

SAINT GERBOLD

ÉVÊQUE DE BAYEUX,

AU VIIe SIÈCLE,

Par M. l'Abbé NOGET-LACOUDRE,

Vicaire-général du diocèse de Bayeux.

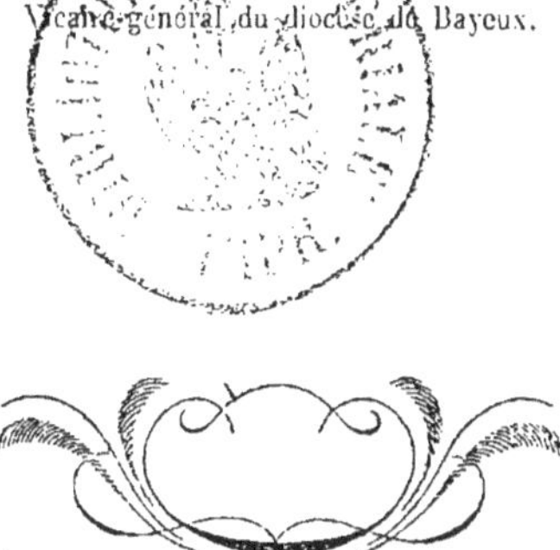

CAEN,

CHÉNEL, LIBRAIRE DE Mgr L'ÉVÊQUE DE BAYEUX ET LISIEUX,

Rue Saint-Jean, 16.

—

1865.

NOTICE

HISTORIQUE ET CRITIQUE

SUR

SAINT GERBOLD

ÉVÊQUE DE BAYEUX

AU VIIe SIÈCLE

PAR M. L'ABBÉ NOGET-LACOUDRE,

Vicaire-général du diocèse de Bayeux.

Parmi tant de saints pasteurs qui ont illustré le siége épiscopal de Bayeux, saint Gerbold est l'un de ceux dont la mémoire et le culte sont demeurés le plus longtemps populaires. Sa vie angélique exhale un suave parfum d'innocence, c'est un héros et un martyr de la chasteté ; il en est devenu l'apôtre par ses exemples, ses prédications et ses miracles. Dieu a voulu faire les prodiges les plus extraordinaires pour manifester sa vertu calomniée et pour la rendre plus éclatante et plus vénérable aux yeux des peuples.

Peut-être éprouvera-t-on quelque difficulté à croire tous ces faits merveilleux que présente la vie de notre saint ; ils ne sont pourtant pas indignes d'être acceptés par les esprits sérieux. Sans doute ils ne manqueront pas d'être relégués au nombre des fables légendaires par ces rationalistes et ces libres penseurs qui méconnaissent l'ordre surnaturel. Ils seront sans doute aussi dédaignés par ces esprits superficiels qui prêteraient volontiers l'oreille au récit de quelque scène de magnétisme ou de spiritisme, mais qui se détournent avec le sourire d'une incrédulité moqueuse, dès qu'il s'agit d'un effet miraculeux de la puissance de Dieu. Ainsi fit le peuple léger d'Athènes à la prédication de saint Paul, mais les sages de l'Aréopage n'imitèrent pas cette indifférence, ils écoutèrent et ils crurent.

Les lecteurs chrétiens à qui ce petit écrit s'adresse, savent que la puissance de Dieu est infinie. Elle peut, quand sa sagesse le trouve convenable, changer momentanément les lois de la nature ; les prodiges les plus surprenants à nos yeux ne lui coûtent aucun effort, elle sait les produire dès qu'ils sont utiles à ses desseins. Ce pouvoir surnaturel, Dieu peut le communiquer aux hommes. Jésus-Christ l'a promis et donné à ses apôtres; il leur était nécessaire pour convertir le monde idolâtre à la foi chrétienne. Mais il ne le fut pas moins à leurs premiers successeurs pour transformer les mœurs encore païennes des nouveaux convertis et leur substituer la perfection des vertus évangéliques. Il est facile de soumettre l'intelligence à l'empire de la foi ; car y a-t-il rien de plus sensiblement raisonnable que son enseignement ? Il n'en est pas de même de la volonté, elle résiste trop souvent à la conviction de l'esprit ; il faut quelquefois, pour l'arracher à l'empire des passions et de l'habitude, l'émouvoir puissamment par la vue manifeste de l'action divine. Maintenant que les sociétés modernes sont tout illuminées des lumières de la foi et imprégnées de l'esprit chrétien, les mêmes secours ne sont plus nécessaires à l'humanité : les miracles sont devenus rares ; ne concluons pas qu'il n'en a jamais existé. Dieu en opérerait encore aujourd'hui de semblables, s'ils étaient encore également nécessaires aujourd'hui.

A l'époque où vivait saint Gerbold, il y avait parmi son peuple une grande dépravation de mœurs ; son histoire nous en fournit la preuve. On doit sans doute en attribuer la cause à la barbarie qui régnait encore à cette époque parmi les conquérants de la Gaule. Les Francs, cette nation généreuse, avaient embrassé la religion chrétienne avec empressement à l'exemple de Clovis, leur chef. Mais la civilisation naissait à peine. La première race de nos rois nous offre l'exemple des passions les plus violentes, de la cruauté, du meurtre et de l'impudicité. Le peuple valait-il mieux que le Souverain ? Au désordre général, Dieu opposa dans notre diocèse un héros de la pureté et de la sainteté de mœurs, dans lequel les exemples, les exhortations, le zèle et les prodiges se réunissaient pour toucher efficacement les cœurs.

Etranger au diocèse de Bayeux, selon quelques auteurs, né dans la paroisse de Livry, si l'on préfère s'en rapporter à un ancien manuscrit de l'église de Bayeux et à l'opinion commune, saint Gerbold aurait passé les années de sa jeunesse dans la Scythie. La Providence divine l'aurait miraculeusement amené de cette contrée éloignée dans la nôtre pour l'élever plus tard sur le siége de Bayeux. S'agit-il ici du pays habité par les anciens Scythes, ou de quelque lieu de même nom plus rapproché de nous ? Ce point, nous nous proposons de le soumettre à un examen approfondi dans la suite de cette notice ; nous avons même la confiance d'en avoir trouvé la solution. Mais avant d'exposer notre opinion et d'en apporter les preuves, il convient de retracer les principaux faits de la vie de notre saint.

Son histoire commence à l'époque de son séjour en Scythie. Nous le trouvons là jouissant sans réserve de la confiance d'un puissant seigneur du pays et admis dans sa familiarité. Gerbold s'est bientôt concilié l'affection de tous par sa piété, sa douceur et ses manières affables. L'innocence surtout, dont le charme est si puissant pour gagner les cœurs, brillait dans sa personne du plus aimable éclat. A ces avantages dus à sa vertu, notre jeune saint réunissait ceux de la nature, les agréments de la figure et des manières, une haute stature, comme le prouvent la dimension de son cercueil de pierre mis à découvert, il y a peu d'années, et aussi la longueur des ossements qu'il renfermait. Ces heureuses qualités devinrent bientôt pour lui, comme elles l'avaient été pour le patriarche Joseph, une source de disgrâce et de terribles épreuves. La femme du maître de la maison, éprise pour lui d'une passion criminelle, osa faire au chaste jeune homme des propositions coupables. La misérable est accueillie comme elle le méritait ; ses avances sont repoussées avec autant d'énergie que d'indignation. Le refus qu'elle éprouve, le mépris que sa passion inspire, changent son amour déçu en une implacable haine. Elle accuse le saint auprès de son mari et le représente comme un infame assez téméraire pour attenter à sa fidélité. Dieu permit que la calomnie trouvât créance; la vertu du jeune saint, auparavant admirée, ne fut plus aux yeux de tous qu'une honteuse hypocrisie. Non-seulement il perd avec sa réputation les bonnes grâces du seigneur ; bien plus, il est condamné à perdre la vie. Comprenons combien son humiliation fut grande et combien l'épreuve fut redoutable. La maison où se passait ce drame domestique était non loin de la mer. Le seigneur fait saisir le saint ; on lui attache une meule de pierre au cou, puis on le précipite dans les flots. Mais le ciel qui n'abandonna pas Joseph dans sa prison et qui fit éclater la chasteté de Susanne aussi calomniée, protégea pareillement l'innocence de son serviteur. Par un prodige merveilleux, la pierre surnage ; le saint, porté comme sur une nacelle, vogue sans danger sur les eaux ; la main de Dieu le soutient et dirige sa route vers la contrée privilégiée à laquelle ce trésor est destiné. Il parvient enfin à nos rivages et aborde dans la paroisse de Ver. C'était à cette époque de l'année où les arbres sont dépouillés de leur feuillage. A son arrivée, la terre semble s'émouvoir et vouloir fêter la bienvenue d'un tel hôte en se parant de tout l'éclat du printemps ; la prairie ainsi que les arbres se couvrent de verdure et de fleurs. La mémoire de ces prodiges s'est conservée jusqu'à nos jours. Le vallon solitaire où saint Gerbold posa d'abord le pied, s'appelle encore aujourd'hui le Val-Fleuri. On pense que le nom de Ver, qui signifie printemps, fut donné pour la même cause à la paroisse. On y voyait encore du temps de Robert Cenalis la pierre qui avait surnagé ; elle était connue sous le nom de Perron-Saint-Gerbold. Les guerres de religion dévastèrent ces lieux vénérables ; la meule de pierre a disparu durant les troubles de cette époque malheureuse. Mais cette paroisse et ce vallon, dont les noms restent significatifs, et cette pierre si longtemps conservée, sont des monuments propres à démontrer la vérité de la tradition qui a survécu et s'est perpétuée jusqu'à nos jours.

Saint Gerbold vécut en ermite dans cette vallée fleurie, inconnu d'abord, puis découvert dans sa retraite par des pâtres et des pêcheurs, et bientôt après entouré de disciples et de fidèles attirés par la réputation de sa vertu. Il les instruisait par ses discours et les exhortait à la piété. Dieu le favorisa du don des miracles : plusieurs guérisons dues à ses prières répandirent au loin la renommée de sa sainteté. L'évêque de Bayeux étant mort sur ces entrefaites, les évêques assemblés pour lui donner un successeur, durent céder au désir unanime du peuple qui leur demandait avec instance Gerbold pour pasteur. La nouvelle de son élévation consterna le saint. Son humilité profonde lui faisait envisager l'épiscopat comme une dignité et une charge supérieures à son mérite et à sa capacité, et puis la solitude a tant de charmes pour celui qui a goûté les délices de la contemplation ! Il fallut cependant se résigner à quitter son ermitage chéri et céder à la volonté divine. Le saint se met en marche pour la ville épiscopale. Une foule de peuple s'était portée à sa rencontre et l'attendait dans un champ situé sur le territoire de la paroisse de Saint-Vigor. Le miracle qui avait signalé son arrivée sur nos rivages se renouvelle en cette circonstance : comme la première fois, les arbres déjà dépouillés de leurs feuilles se couvrent de verdure et de fleurs, le printemps semble renaître ; encore aujourd'hui, le champ où s'accomplit le prodige s'appelle le Champ-Fleuri. On pourrait conjecturer que cet événement eut lieu à l'époque de la Toussaint. En effet, les foires ont souvent tiré leur origine de quelque assemblée réunie dans un but religieux ; or, la célèbre foire de la Toussaint, qui se tient aujourd'hui dans l'intérieur de la ville de Bayeux, avait lieu précédemment à Saint-Vigor, dans le champ même dont nous parlons ici. La commune de Saint-Vigor reçoit une redevance annuelle comme prix de la cession qu'elle a faite de cette foire, en l'année 1809, au profit de la ville.

Quoi qu'il en soit de cette conjecture, on peut aisément juger combien l'enthousiasme du peuple dut être augmenté par le miracle dont il venait d'être témoin. Ce fut en faisant retentir l'air de ses joyeuses acclamations qu'il conduisit Gerbold jusqu'à la cathédrale; il le salua du nom de *bien venu*; il donna ce même nom à la rue qui aboutit à la cathédrale : elle continue de s'appeler aujourd'hui la rue du *Bien-Venu* ou *Bien-Venue.*

On ne voit pas que l'idolâtrie persistât encore à cette époque dans le diocèse de Bayeux ou qu'elle s'y fût renouvelée, malgré les invasions successives qui avaient dû faire revivre le paganisme. Mais les mœurs des habitants, particulièrement dans la ville, n'étaient pas beaucoup plus chrétiennes que celles des infidèles. Le saint évêque s'efforça par son zèle et ses exhortations de faire cesser les désordres; il ne put y réussir. Les moyens de douceur auxquels il eut d'abord recours demeurèrent sans aucun résultat. Quand il les eut épuisés tous, il finit par menacer ces pécheurs endurcis de la colère divine, s'ils ne se corrigeaient pas : ce fut encore en vain. Les effets suivirent de près la prédiction. Dieu affligea ce peuple indocile d'une cruelle dyssenterie qui enleva bientôt un grand nombre d'habitants. Le fléau ne suffit pas pour les faire rentrer en eux-mêmes ; loin de là, persévérant dans leurs vices, ils y joignirent l'ingratitude et la révolte. Le saint évêque dont ils ne pouvaient supporter les justes réprimandes et à qui ils attribuaient la maladie qui sévissait sur la population, devint l'objet de leur aversion profonde ; ils l'enlevèrent de son siége et le chassèrent de la ville.

Saint Gerbold ressentit une peine très-vive du changement qui s'était opéré dans les dispositions de son peuple : son humilité d'ailleurs lui faisait de nouveau penser qu'il était incapable de conduire un troupeau dont les besoins spirituels étaient si grands, et qu'un autre pasteur serait plus habile à le diriger ou plus heureux. Dans cette persuasion, il résolut de renoncer pour toujours à la dignité épiscopale et d'aller déposer aux pieds du Pontife suprême la démission qu'il voulait faire de sa charge. Ce fut en vain que ses amis et ceux qui lui demeuraient fidèles s'efforcèrent de combattre son dessein; il fut inébranlable dans sa résolution. Toutefois, voulant accorder quelque chose aux instances pressantes de ceux qui l'accompagnaient dans sa fuite et qui lui représentaient les miracles par lesquels Dieu l'avait élevé sur le siége épiscopal : « eh bien, leur dit-il, que Dieu daigne montrer par un nouveau prodige s'il me veut encore dans ce haut rang dont je me sens indigne ! » Il traversait en ce moment la rivière ; il ôte de son doigt l'anneau pastoral, symbole de l'union qu'il avait contractée avec l'église de Bayeux, et le jetant à l'eau « je reviendrai, dit-il, si cet anneau m'est rapporté. » Continuant alors sa route, il se retira quelque temps dans une solitude inconnue.

Cependant, la maladie, loin de cesser après le départ du saint évêque, multiplia le nombre de ses victimes. Les habitants de la ville, se voyant frappés par la main de Dieu, reconnurent enfin leurs fautes ; ils résolurent de se corriger de leurs vices, et regrettant amèrement la conduite coupable qu'ils avaient tenue à l'égard de leur saint pasteur, ils le firent chercher pour le rétablir sur son siége. Ils eurent à combattre de sa part une vive résistance inspirée par son humilité ; mais le ciel leur vint en aide pour en triompher. Un pêcheur jette son filet ; on trouve, en ouvrant le poisson qu'il a pris, l'anneau pastoral du saint et on le lui rapporte. Il ne peut se défendre, à cette vue, de reconnaître dans ce fait merveilleux une marque certaine de la volonté divine ; il consent enfin à se charger de nouveau du fardeau de l'épiscopat. A son retour, il adresse à Dieu de ferventes prières : le fléau de la vengeance céleste s'arrête.

Pendant le reste de sa vie, il s'applique à réformer les mœurs et à mettre en honneur la pratique des vertus chrétiennes. Ses travaux que la prière féconde sont couronnés des plus heureux fruits. Comme les arbres et les plantes s'étaient autrefois couverts de fleurs à son passage, ainsi vit-on fleurir toutes les vertus dans son diocèse, semblable auparavant à une terre glacée par les frimas de l'hiver.

Notre saint avait une prédilection marquée pour la retraite et la solitude. On lui attribue la fondation du monastère du Val-Saint dans la paroisse de Livry, vers l'an 675. Il aimait à s'y retirer pour vaquer en paix à la prière, source inépuisabl de lumière, de force et de consolation. On lit dans le *Gallia Christiana* qu'il remplaça les chanoines de Deux-Jumeaux par des moines de l'abbaye d'Evrecy que saint Annobert lui envoya. Il s'appliqua pareillement à faire fleurir les vertus monastiques dans les autres maisons d'hommes et de femmes de son diocèse ; il eut la joie de voir ses efforts obtenir un entier succès : l'exemple du Pasteur produisait ses fruits naturels.

Saint Gerbold mourut le 7 décembre 695. Il avait assisté peu d'années auparavant au concile de Rouen, présidé par saint Ansbert, archevêque de cette ville : c'était en l'année 692 ou 693, car les auteurs ne s'accordent pas sur ce point.

Il fut inhumé dans l'église de Saint-Exupère. Son tombeau, dont la place ne cessa jamais d'être connue d'une manière certaine, malgré l'état de ruine où cette église vénérable a été plusieurs fois réduite par les révolutions, fut toujours visité jusqu'à nos jours par de nombreux pèlerins. On l'invoque surtout dans les atteintes de la maladie dont il délivra son peuple par ses prières. Son culte est demeuré en honneur parmi les habitants de la ville et du diocèse, où il est patron de plusieurs églises paroissiales.

En l'année 1853, des fouilles furent exécutées par les ordres de l'autorité diocésaine dans l'église de Saint Exupère. On mit à découvert un certain nombre de cercueils en pierre qui avaient servi de sépulture à plusieurs de nos saints évêques ; celui de saint Gerbold était du nombre. Une commission, composée d'ecclésiastiques, de magistrats, de médecins et de savants, avait été instituée par Mgr Robin, alors évêque de Bayeux, pour présider aux recherches et lui faire un rapport à ce sujet : elle n'hésita pas à déclarer que l'un des sarcophages appartenait indubitablement à notre saint. Ce tombeau, mesuré sur son couvercle, présentait une longueur d'un mètre quatre-vingt-quinze centimètres, sur une largeur de soixante-quinze centimètres à la tête, et de cinquante-deux seulement aux pieds. Le rapport des médecins sur l'état des ossements contenus dans le cercueil s'exprime en ces termes :

« Nous pouvons conclure que les ossements dont se compose ce » gisement appartiennent à un même squelette et le constituent tout » entier, moins un petit nombre de pièces appartenant aux extrémi» tés et à la tête. La position immédiate des ossements sur la pierre » du cercueil, et notamment de la colonne vertébrale qui y adhérait » par plusieurs de ses vertèbres, démontre qu'il n'y a pas eu de » terre dans le fond du sarcophage au moment de l'inhumation.....

» Si nous découvrons dans les ossements les caractères qui appar» tiennent à l'âge adulte, si même nous en voyons qui dénotent un » âge assez avancé, nous n'en connaissons aucun qui annonce la dé» crépitude. Nous pensons donc, sans pouvoir l'assurer d'une ma» nière absolue, que ce squelette a appartenu à un homme qui avait » atteint au moins soixante ans. Il nous est permis de croire qu'il » était d'une puissante taille ; il était sans aucun doute d'une haute » stature. Ces ossements nous paraissent remonter à une époque » très-reculée. » (Manuscrit conservé à l'Evêché.)

Nous devons maintenant nous souvenir de notre promesse et rechercher quelle est cette Scythie d'où nous vint saint Gerbold. Je crois pouvoir affirmer que ce lieu n'est autre que le célèbre monastère de Saint-Bertin, situé dans l'intérieur de la ville de Saint-Omer, département du Pas-de-Calais.

L'assertion que j'émets se prouve, premièrement, par l'invraisemblance des opinions qui ont eu cours jusqu'ici et par le défaut d'autorités en leur faveur ; secondement, par la certitude des preuves d'où résulte que la ville de Saint-Omer s'est formée dans un lieu précédemment appelé du nom de *Sithie*, qui était aussi donné à l'emplacement où fut construit le monastère de Saint-Bertin ; troisièmement, par la position géographique de ce territoire qui s'accorde facilement avec les exigences de la légende de saint Gerbold ; enfin par la chronologie et la considération de plusieurs circonstances propres à confirmer le sentiment ci-dessus exprimé.

D'abord il est tout-à-fait invraisemblable que saint Gerbold soit arrivé du pays des Scythes dans la contrée que nous habitons. On le suppose, non sans motifs, originaire de la paroisse de Livry en notre diocèse de Bayeux. Comment expliquer, dans cette hypothese, sa présence au milieu des Scythes ? Il faut lui supposer le goût des voyages lointains, comme le fait Hermant, sans pouvoir en apporter la raison. Comment ensuite faire traverser les mers à ce saint sur une pierre flottante depuis l'extrémité du Palus Méotide jusque sur les côtes de notre province ? Il y aurait par trop de merveilleux à le faire naviguer de la sorte dans toute l'étendue de la Méditerranée, puis le long de nos rivages océaniques, pour le faire aborder aussi loin dans le canal de la Manche. Sans doute rien n'est impossible à la puissance divine ; mais on ne peut pas faire raisonnablement une pareille supposition, quand nous pouvons démontrer par des documents historiques incontestables, l'existence d'une Scythie bien plus voisine de nous.

Certains auteurs, frappés de cette invraisemblance, ont supposé sans doute une erreur de copiste, et croyant que l'on devait lire Scotie au lieu de Scythie, ils ont écrit que Saint Gerbold était venu des rivages de l'Ecosse, ou plutôt de l'Angleterre. Cette dernière opinion est la plus accréditée dans le diocèse : Hermant paraît l'adopter dans son histoire du diocèse de Bayeux. Mais sur quelle preuve s'appuie-t-on pour faire venir notre saint de l'Angleterre ? On n'en fournit aucune, et je n'en puis soupçonner d'autre qu'en attribuant aux défenseurs de ce sentiment d'avoir pris la Scotie pour la Scythie et l'Angleterre pour l'Ecosse, afin de diminuer de plus en plus la distance qui nous sépare de ce lieu inconnu et de rendre par ce rapprochement le récit de la légende moins invraisemblable. Quant à des preuves positives nous montrant sur les rivages de l'Ecosse ou de l'Angleterre un lieu particulier nommé Scythie, je n'en aperçois aucune.

En vain, dira-t-on, que le nom de Scythie désignait une vaste région mal définie, embrassant dans ses bornes toutes les contrées inconnues de l'Europe septentrionale, s'étendant jusqu'à l'Irlande et à l'Écosse; que même ce dernier pays tire son étymologie du nom de Scythie qu'il portait autrefois : je ne crois pas que ces motifs puissent contrebalancer les raisons qui m'ont fait placer ailleurs la Scythie de saint Gerbold. D'abord, on doit dans toute hypothèse renoncer à le faire venir des côtes de l'Angleterre, laquelle ne paraît pas avoir jamais eu le nom de Scythie. Fixera-t-on en Écosse le lieu de son départ? Mais on manque de données pour en préciser la situation. On n'en a pas davantage pour rendre raison de sa présence en cette partie des îles Britanniques, outre que le miracle d'un aussi long parcours sur une meule de pierre, pour arriver jusqu'à nous, s'il n'est pas impossible à la puissance divine, devient néanmoins plus difficilement croyable.

L'opinion que je soutiens n'est point sujette à ces difficultés; elle fournit des indications précises; elle jette un jour précieux sur la vie de notre saint; toutes ses parties se concilient si bien entre elles que cette harmonie me semble lui donner un haut degré de vraisemblance et même de probabilité ; la suite, je l'espère, en fournira la preuve.

Et d'abord, une certaine étendue de terrain, un vaste domaine sur lequel s'est formée plus récemment la ville de Saint-Omer et anciennement le monastère de Saint-Bertin, portait ou reçut le nom de Sithie ou de Sithiu, à l'époque contemporaine de saint Gerbold.

Consultons, en effet, les monuments historiques. La Morinie où se trouvait situé ce territoire comptait encore un très-grand nombre de païens, soit parmi les anciens habitants du pays, soit parmi les Francs qui en avaient fait la conquête. Les chrétiens mêlés parmi ces idolâtres manquaient d'instruction ; ils imitaient dans leur conduite les vices des infidèles. Il n'y avait pas encore eu d'évêque dans cette contrée ; car deux missionnaires qui avaient prêché la foi chez les Morins longtemps auparavant, ne paraissent pas avoir été revêtus du caractère épiscopal. Il fallait un apôtre pour convertir ces peuples à demi-barbares : le célèbre monastère de Luxeul en offrit un : ce fut saint Omer. Le roi Dagobert le fit élever à la dignité épiscopale ;

le saint vint au milieu de ces peuples établir son siége à Térouane, dont il est le premier évêque. Son zèle apostolique ne tarda pas à produire les plus heureux fruits ; les conversions furent nombreuses parmi les seigneurs français de son diocèse. L'un d'entre eux nommé Adrowaldus, personnage très-riche et sans enfants, donna à saint Omer un de ses domaines appelé dès ce temps, ou peut-être un peu plus tard, du nom de Sithie ou de Sithiu. Le saint évêque y construisit une église sur une hauteur. Mais ses forces ne suffisant pas à l'abondante moisson qui restait à faire, il lui vint de son ancien monastère de Luxeul un puissant secours : trois saints lui furent envoyés en aide, saint Mommolin, saint Bertin et saint Ebertran. Peu de temps après leur arrivée, il les établit dans un monastère qu'ils élevèrent à une lieue environ de l'église construite par lui. Bientôt le lieu devint incapable de contenir le grand nombre de moines qui venaient s'exercer aux vertus du cloître sous la direction de saint Mommolin : il fallut donc aller chercher un autre emplacement plus vaste. Un marais et la rivière d'Aa se trouvaient dans le voisinage du monastère. Les trois saints se placent dans une nacelle qu'ils laissent voguer au gré de la Providence, sans voiles ni rames, se contentant de prier Dieu de les conduire en un lieu propice. Ils abordent au chant des psaumes en une île située dans le domaine d'Adrowaldus. Ce seigneur en confirme la donation déjà faite à saint Omer; ils y bâtissent le nouveau monastère qui reçut le nom de saint Bertin, après que ce saint en eut pris la conduite et l'eut illustré par l'austérité de sa vie et par celle de ses moines. Mais, au rapport de Pierre de Natalibus, il l'appela d'abord monastère de Sithie ou de Sitim, nom que le lieu portait peut-être auparavant. Saint Mommolin, déjà supérieur de l'ancien monastère, le fut aussi d'abord de celui-ci, soit qu'il ait gouverné simultanément l'un et l'autre, soit qu'il ait fait sa demeure en ce dernier. A quelques années de là, ce saint devint évêque de Noyon et de Tournay. Saint Ebertran, qui l'avait suivi, devint lui-même abbé de Saint-Quentin. Alors saint Bertin fut chargé de la direction du monastère en l'île qu'il avait refusée jusque-là, parce que saint Mommolin l'emportait sur lui par un âge plus avancé. Le premier monastère qui retint le nom d'ancien monastère est remplacé aujourd'hui par une église paroissiale dédiée à saint Mommolin. Il paraît que l'île où était situé le nouveau était alors trop marécageuse pour servir de lieu de sépulture : c'est pourquoi saint Omer donna aux moines l'emplacement d'un cimetière sur la colline voisine, appelée aussi Sithiu, auprès de l'église qu'il avait précédemment bâtie. Les moines en construisirent, à ce que l'on croit, une nouvelle adjacente à la première. Quand saint Bertin eut déposé solennellement dans cette église les restes vénérables de saint Omer, son évêque et son ami, le tombeau du saint prélat devint tellement célèbre que la ville construite à l'entour n'eut point d'autre nom que le sien. Elle était destinée à recevoir une autre illustration. La ville de Térouane, outre le titre d'ancienne capitale de la Morinie, possédait aussi celui d'évêché ; mais détruite en 1553 par l'empereur Charles-Quint, elle ne se releva pas de ses ruines. A peu de temps de là, c'est-à-dire en 1549, le siége épiscopal fut transféré à la ville de Saint-Omer, qui l'a conservé jusqu'à l'époque du concordat de Pie VII. L'église où saint Omer avait été inhumé devint la cathédrale.

Nous avons pour garants de ce que nous venons de rapporter touchant le nom de Sithie ou de Sithiu qui fut attribué au nouveau monastère, tous les écrivains qui ont parlé de saint Omer et de saint Bertin. Il serait superflu de rapporter tous leurs témoignages, je me contenterai d'en citer un petit nombre.

Pierre de Natalibus (*Catalogus, lib.* VIII, *cap.* XXVIII), rapporte, comme nous l'avons déjà dit, que saint Bertin appela ce lieu Sitie ou Sitim.

Beaucoup d'auteurs le dénomment *monasterium Sitiense*, aussi bien que *monasterium Sitivense.*

Le *Martyrologe Romain*, au 5 septembre, l'appelle *monasterium Sithiu.*

Ajoutons le texte de la légende de saint Omer dans le nouveau Propre du Bréviaire de Bayeux emprunté au Propre d'Arras ; ce seront deux autorités pour une. On y lit :

« *In monasterio Sithivensi in loco ubi nunc est Sancti Audomari civitas, anno Domini sexcentesimo nonagesimo quinto sepultus est* (1). »

Molanus, dans son ouvrage intitulé : *Indiculus Sanctorum Belgii*, nous atteste la même chose en parlant du même saint. « *Obiit*, dit-il, *in villâ Warantâ suæ diœcesis, anno sexcentesimo nonagesimo quinto, a reverendissimo abbate Bertino et choro monachorum sepultus in monasterio Sithiu* (2). »

(1) Saint Omer fut inhumé dans le monastère de Sithiu, en un lieu où est bâtie la ville qui porte son nom, en l'an de Notre-Seigneur 695.

(2) Ce saint mourut dans un lieu de son diocèse appelé Warans, l'an 695, et fut inhumé par le Révérendissime abbé Bertin et un chœur de moines dans le monastère de Sithiu.

Ferrarius à son tour, dans son savant ouvrage qui a pour titre : *Nova topographia ad Martyrologium Romanum* (1), nous décrit ainsi cette Sithie et fixe de la sorte sa position topographique, à la page 118. « *Sithium*, Sitheherche. *Pagus Belgii in Artesiâ, diœcesis aliàs Taruanensis, nunc Audomarensis, cum monasterio quod Sithiense priùs, nunc Sancti Bertini dicitur. Sic legi apud quosdam : sed ab incolis posteà didici Sithium nunc Audomarensem esse civitatem episcopalem præclaram et post Atrebatensem maximam nobilissimamque, in Flandrio et Picardio Artesioque confinio, quæ ex monasterio in tantam evasit urbem, ad Aam fluvium, Taruanæ urbi desolatæ, cui in episcopali dignitate successit, proxima. Inter Atrebatum a quo in circium XII M P Belg. abest, et Caletum a quo VII, inter Hypras et Bononiam ab eâ in ortum IX M P distans* (2). »

Je me borne à ces citations.

Ainsi, nul doute que le lieu où la ville de Saint-Omer a été construite depuis n'ait porté antérieurement le nom de Sithie ou de Sithiu. Ce nom même n'a pas été entièrement aboli par le temps ; la colline sur laquelle une partie de la ville actuelle est assise porte encore aujourd'hui le nom de Mont-Sithiu. Nul doute non plus que le monastère de Saint-Bertin n'ait aussi porté le même nom. Ayant donc sur les côtes de la Manche un lieu qui s'appelait incontestablement du nom de Sithie, n'allons pas contre toute vraisemblance faire venir saint Gerbold du pays des Scythes et des confins de la Tartarie. Il est bien plus simple de supposer qu'il fut du nombre

(1) Cet ouvrage, quelque soit son mérite, renferme un certain nombre d'inexactitudes faciles à constater.

(2) *Sithium*, Sitheherche. Contrée de la Belgique située dans l'Artois, faisant partie de l'ancien diocèse de Térouane, aujourd'hui de Saint-Omer, où existe un monastère appelé d'abord de Sithie, maintenant de Saint-Bertin. J'ai lu ce qui précède en de certains auteurs : mais depuis, j'ai appris des habitants de ce pays que Sithium était aujourd'hui Saint-Omer, ville épiscopale illustre, la plus grande et la plus célèbre après celle d'Arras, située aux confins de la Flandre, de la Picardie et de l'Artois, et ayant pris un aussi grand accroissement après avoir été dans le principe un monastère. Elle est située aux bords de la rivière d'Aa, dans le voisinage de Térouane, ville maintenant ruinée, à laquelle elle a succédé comme siége épiscopal. Elle est placée entre Arras dont elle est distante environ de douze mille pas belges, et Calais dont elle est éloignée de sept mille pas, et d'autre part entre Ypres et Boulogne. Elle est à l'orient et à neuf mille pas de cette dernière ville.

des pieux cénobites réunis sous la conduite de saint Bertin : du moins j'incline fortement à le penser.

Les auteurs du *Gallia Christiana* nous disent, sans faire connaître leurs preuves, que saint Gerbold vécut d'abord sous la discipline de saint Annobert, abbé d'Evrecy. Ces écrivains paraissent tenir assez peu de compte de nos légendes et de nos traditions; le système qu'ils se sont fait devrait pourtant, avant de les contredire, se présenter avec des arguments solides. Le monastère d'Evrecy avait été fondé vers le commencement du VIIe siècle par l'abbé Chedulfus qui fit fleurir la piété parmi ses moines. Les choses changèrent de face sous l'abbé Baldricus, son successeur. Quand saint Annobert prit la place de ce dernier, il voulut introduire la réforme, mais il rencontra la plus vive résistance de la part des moines, dont quelques-uns même formèrent un complot contre la vie du saint. Les évêques et les seigneurs indignés à cette nouvelle se rendirent au monastère d'Evrecy d'où ils chassèrent tous ces mauvais religieux qui furent dispersés. Saint Annobert agit à leur égard avec plus de douceur : les ayant rappelés auprès de sa personne, il vit bientôt leurs dispositions heureusement changées ; le monastère reprit sa régularité primitive et fournit même par la suite des moines fervents qui établirent à leur tour la réforme dans plusieurs maisons religieuses où le relâchement avait pénétré. Saint Gerbold aurait été formé à la vie cénobitique à cette époque de rénovation. Si l'on admet cette hypothèse, il faut admettre en même temps qu'il était originaire de Livry, paroisse peu éloignée : mais il faudrait toujours aussi reconnaître qu'il habita le monastère de Sithie.

Tout me porte à croire que saint Gerbold passa ses premières années dans le célèbre monastère de Sithiu avec plusieurs autres saints personnages qui furent élevés plus tard aussi bien que lui à la dignité épiscopale. Qu'il soit né à Livry, comme on le pense plus communément, ou non, il importe assez peu. S'il était d'origine étrangère, il aurait pu naître dans la contrée voisine de Sithiu. Sa présence en ce lieu s'expliquerait d'elle-même en ce cas. Mais pour nous en tenir à la tradition locale et en admettant avec elle que saint Gerbold avait pris naissance à Livry, nous pouvons supposer que sa famille, distinguée selon toutes les apparences, l'aurait envoyé jeune encore dans le monastère de Sithiu, pour y être élevé par les soins des personnages éminents en science et en sainteté qui l'habitaient, si l'on n'admet pas avec les auteurs du *Gallia Christiana* que sa première éducation fut confiée aux moines d'Evrecy. C'était un usage alors assez fréquent d'envoyer les enfants de noble extraction se former aux lettres et à la piété chrétienne dans quelque maison de religieux fervents. Rien ne nous empêche même de croire, et je préfère ce sentiment, que notre saint se serait retiré de son propre mouvement dans ce monastère naissant, attiré par la ferveur des saints personnages qui l'avaient fondé, pour y professer lui-même la vie monastique. De même que l'on avait vu saint Vigor abandonner son pays natal pour venir chercher près de nous, à Reviers, une solitude où il pût vivre dégagé de tous les liens de famille ; par un motif semblable, saint Gerbold aurait dit un solennel adieu à la maison de son père pour venir se consacrer à une vie d'abnégation parmi les pieux cénobites de Sithiu.

La suite de la vie de saint Gerbold contribue à autoriser cette supposition. Ce saint parait avoir été constamment épris des charmes de la vie solitaire. Aussitôt qu'il est déposé par les flots sur notre côte, à Ver, il y vit en ermite. Elevé malgré lui sur le siége épiscopal, il regrette la solitude et conçoit le dessein de renoncer aux honneurs pour aller y chercher le repos de la contemplation. Il faut un nouveau miracle du ciel pour l'arrêter dans sa fuite, l'obliger à retourner vers son troupeau et lui faire reprendre le fardeau sous lequel il gémit. Il n'en conserve pas moins un goût persévérant pour la retraite ; il bâtit un monastère à Livry, où il aime à venir se recueillir souvent. C'est dans la réalité un humble moine sous l'éclat des vêtements pontificaux. Toutes ces circonstances ne nous autorisent-elles pas à penser qu'il avait pratiqué la vie monastique dès sa première jeunesse, et ne sont-elles pas de nature à nous expliquer sa présence à Sithiu ? Le genre de vie des religieux de ce monastère que saint Gerbold dut partager, était fort austère. On y pratiquait de longs jeûnes et une abstinence rigoureuse. On n'y vivait que de racines, d'herbes et de pain, et l'on n'y buvait que de l'eau. La prière qui était presque continuelle, y sanctifiait le travail et les autres actions extérieures. Les moines, qui se relevaient les uns les autres, chantaient nuit et jour à l'église les louanges du Seigneur. Les travaux les plus pénibles ne dispensaient personne des veilles et de la prière publique. Sithiu, comme Luxeul, était en même temps une excellente école où l'on enseignait tout ce qui a rapport à l'étude de la religion ; les saints qui dirigeaient les cénobites s'étaient rendus fort habiles dans la connaissance de la discipline ecclésiastique et de l'Ecriture sainte ; ils communiquèrent leur science à leurs disciples. Saint Gerbold, formé par des maîtres aussi versés dans la pratique de toutes les vertus du cloître et dans la connaissance des saintes lettres, se trouva comme eux orné de mérite et de savoir quand vint le moment où la divine Providence le fit monter sur le trône épiscopal de Bayeux.

Il est à présumer que les supérieurs des religieux de Sithiu ne laissèrent point oisifs ses talents et son zèle et qu'ils lui firent remplir les fonctions de missionnaire. Les religieux de Sithiu servaient d'auxiliaires à saint Omer, dont la vie apostolique se passait en courses continuelles dans son diocèse. Il prêchait; il instruisait sans cesse dans les divers lieux, il y séjournait même autant que le bien des âmes l'exigeait. Ses coopérateurs durent à son exemple aller prêcher et instruire en divers endroits et s'y arrêter pendant le temps nécessaire à l'instruction des nouveaux convertis. Ainsi dut faire saint Gerbold. C'est de la sorte que j'expliquerais sa présence chez ce grand seigneur de Sithie où il trouva la tentation dont il sortit victorieux. On pourrait encore supposer, si on l'aime mieux, que ce personnage était l'un des bienfaiteurs du monastère auquel, par reconnaissance, les religieux de Sithiu avaient envoyé le saint pour prendre l'intendance de sa maison et surtout pour diriger le maître et les serviteurs dans le service de Dieu. Plusieurs personnes de qualité, principalement parmi les Francs, touchées de la vie édifiante des pieux solitaires, s'étaient converties et les avaient enrichis de leurs biens. De ce nombre avait été Adrowaldus, donateur du domaine de Sithiu ; mais, comme il n'est pas le seul, nous ne pouvons pas dire que la scène se passa chez lui. Ce qui paraît démontré, c'est que ce seigneur, quel qu'il soit, avait des rapports avec le monastère et qu'il habitait dans le voisinage de la mer.

Nous voyons dans l'histoire de notre saint qu'il fut jeté dans les flots : il nous importe en conséquence de rechercher si la position géographique de Sithiu peut être favorable à cet évènement. Mais quand même ce lieu paraîtrait de nos jours trop éloigné de la mer pour ne donner prise à aucune objection, il n'en était pas ainsi à cette époque reculée : on pouvait y aborder aisément en nacelle, Ce fut de la sorte que saint Bertin y vint lui-même. Pierre de Natalibus rapporte, en effet (*Catal.*, *lib.* VIII, *c.* XXVIII), qu'il remonta le cours du fleuve sans rames et sans voile et sans autre guide que la main de Dieu. Molanus, à son tour, nous atteste que Sithiu était autrefois un port envahi par les vases. *Fuit autem Sithiu olim vicus celebris et lutosus portus.* (*Indiculus SS. Belgii, loco citato.*) (1). Ce lieu

(1) Sithiu était autrefois une bourgade célèbre et un port fangeux.

a subi diverses transformations. L'histoire a conservé le souvenir des travaux exécutés par l'un des abbés de Saint-Bertin pour dessécher le terrain marécageux de l'île de Sithiu en l'exhaussant et en détournant les eaux de la rivière. On atteste qu'à l'occasion de constructions plus récentes, les architectes constatèrent que le sol avait été exhaussé de plus de dix-sept pieds. On pourrait donc supposer que saint Gerbold fut jeté dans les eaux de ce port fangeux ou dans le canal de la rivière d'Aa. Mais il me semble plus probable qu'il fut précipité dans les flots même de la mer. La distance n'était pas assez considérable pour empêcher de croire que le seigneur puissant qui avait résolu sa mort, l'ait fait traîner jusque sur le rivage. D'ailleurs la scène malheureuse qui donna lieu à la calomnie se passait assurément hors du monastère et dans l'habitation de ce grand personnage ; son domaine pouvait être placé dans le voisinage de la mer.

La chronologie s'accorde également bien avec notre opinion. Le monastère de Sithiu existait du temps de saint Gerbold ; il venait d'être fondé lorsque ce saint se trouvait en âge d'y embrasser la vie religieuse : un rapprochement de dates nous en fournira la preuve. Saint Omer, mort en 695 selon plusieurs auteurs, en 670 selon d'autres, fut élevé à dignité épiscopale sous le règne de Dagobert Ier, lorsque ce prince régnait seul : ce fut par conséquent entre les années 628 et 638 ; plusieurs auteurs pensent que ce fut en 637. Quelques années après son élévation, en 638 ou 640, à ce que l'on croit, saint Omer voyait arriver auprès de sa personne saint Mommolin et ses deux compagnons ; il construisait avec eux et pour eux l'ancien monastère, quelques mois tout au plus après leur arrivée ; le nouveau fut fondé vers l'an 648. Saint Mommolin le gouverna jusqu'au moment où il devint évêque de Noyon et de Tournay, vers l'an 660. Alors saint Bertin en prit la conduite et mourut plus que centenaire en l'année 709.

Saint Gerbold a été le contemporain de ces saints illustres, et l'on peut supposer sans témérité qu'il a vécu un certain temps dans leur société. Il mourut, en effet, en 695. Cette date peut être considérée comme historiquement certaine. C'est évidemment par erreur que l'auteur du *Neustria pia,* s'appuyant sur l'autorité de Molanus, rapporte la mort de saint Gerbold à l'année 685. Il est constant que notre saint assista, quelques années avant de mourir, au concile de Rouen, réuni sous la présidence de saint Ansbert, archevêque de cette ville, dans le but de défendre les intérêts du monastère de Fontenelle. L'auteur du *Neustria pia* place à tort ce concile en l'année 682 ; il est prouvé qu'il se tint en l'an 692 ou 693. En effet, saint Ansbert le présida comme métropolitain de la province ; mais il n'obtint cette dignité qu'après la mort de saint Ouen, son prédécesseur, arrivée en 683. C'est donc en 692 ou 693 que le concile de Rouen s'est assemblé, et en 695 que saint Gerbold est mort.

Si l'on se rappelle maintenant les termes du rapport des médecins à l'occasion de la découverte de son tombeau en 1853, l'âge de notre saint devait dépasser la soixantaine quand il mourut. En lui donnant soixante-cinq ans de vie ou environ, on pourrait présumer qu'il était né vers 630.

On voit ainsi qu'il aurait été âgé à peu près de dix-huit ans quand fut fondé le second monastère de Sithiu : il était de dix ans environ plus jeune quand le premier fut établi. Il aurait donc pu entrer tout enfant dans celui-ci pour y recevoir l'éducation avant d'embrasser la profession religieuse dans l'un ou dans l'autre.

Avant de poser la plume, il nous paraît intéressant de rechercher encore par conjecture la date des autres événements de la vie du saint. On doit admettre qu'il était jeune homme quand il fut victime de cette affreuse calomnie, qui eut pour résultat de l'amener parmi nous. On doit, ce semble, supposer qu'il avait alors tout au plus une trentaine d'années. Son arrivée à Ver correspondrait dans cette hypothèse à l'année 660 au plus tard.

Mais combien de temps vécut-il dans l'ermitage du Val-Fleuri, et en quelle année fut-il élevé sur le siége de Bayeux ? Il ne nous est pas possible de fixer d'une manière précise la date de cet événement. On peut affirmer avec une certaine assurance qu'elle est antérieure de plusieurs années à l'an 675. On croit, en effet, que saint Gerbold fonda vers cette époque le monastère du Val-Saint à Livry. Il l'établit étant déjà évêque de Bayeux, et, selon les apparences, depuis son retour dans sa ville épiscopale : il faut donc supposer qu'il s'était écoulé un temps assez long depuis son élévation. Si l'on connaissait la date de la mort de son prédécesseur, on pourrait aussi fixer celle à laquelle il lui succéda ; mais nous manquons de documents sur ce point. Il y a même des doutes sur le nom de l'évêque qui le précéda immédiatement. Les uns prétendent que ce fut Betton ; d'autres suppriment cet évêque du catalogue de notre diocèse et placent saint Gerbold immédiatement après saint Ragnebert. On sait malheureusement très-peu de chose sur le compte de ces deux évêques. Saint Ragnebert souscrivit au premier concile de Reims, tenu l'an 625 suivant l'opinion la plus probable, sous la présidence de l'archevêque Sonnatius. C'est tout ce que l'histoire nous a conservé de ce saint. On fixe sa mort, mais sans aucune preuve certaine, vers l'an 645. Saint Gerbold a dû être élevé plus tard à la dignité épiscopale. Il est donc beaucoup plus probable que Betton doit être placé entre saint Ragnebert et saint Gerbold, et qu'il faut le compter au nombre des évêques de Bayeux. Mais on rencontre ici une difficulté nouvelle qu'il nous faut éclaircir. La seule chose que l'on connaisse de toute la vie de cet évêque, c'est qu'il souscrivit en l'an 650 au concile de Chalons en ces termes : *Betto, episcopus de Juliobona subscripsi* (1). Il n'est pas le seul personnage de ce nom : deux autres assistaient et souscrivaient au même concile, l'un, comme évêque de Troyes; l'autre, comme délégué de Latinus, évêque de Tours. On se demande si l'évêque de Juliobona peut être revendiqué comme l'un des évêques de Bayeux et reconnu pour le successeur de saint Ragnebert. Les motifs qui portent à considérer Betton comme l'un de nos évêques, sont premièrement que tous les autres évêques de la province de Rouen ont assisté et souscrit à ce concile, à l'exception de celui de Bayeux, si Betton n'en était pas évêque, et de celui d'Avranches, dont le nom ne se trouve pas non plus parmi les souscriptions. Quant au diocèse d'Avranches, outre qu'il existe à cette époque une lacune dans la liste de ses évêques, jamais personne n'a songé à compter Betton pour l'un d'entre eux : on le réclame au contraire pour Bayeux. Ensuite, on ne connaît aucun siége épiscopal du nom de *Juliobona*, et l'on ne pourrait dire quel était celui de Betton, si l'on refuse de le reconnaître pour notre diocèse de Bayeux. Ce n'est pas, comme quelques-uns l'ont pensé, Angers, dont le nom gallo-romain était *Juliomagus*. Ce n'est pas Troyes, dont le nom était *Augustobona* et dont l'évêque qui s'appelait aussi Betton a souscrit au concile de Chalons avec celui de *Juliobona*. Ce n'était pas le *Juliobona Caletorum*, soit que Dieppe fût cette ville antique, comme le pense Adrien Levalois, soit que l'on y reconnaisse le nom de Lillebonne, selon l'opinion la plus commune. En effet, Dieppe, de même que Lillebonne, n'étaient pas des siéges épiscopaux, et l'on ne saurait dire qu'il y eût là un évêque coadjuteur de celui de Rouen, puisque saint Ouen, alors archevêque de cette métropole, assistait en personne et souscrivait au même concile de Chalons. Certains auteurs, entre autres Corneille, dans son *Dictionnaire géographique*, au mot

(1) Moi, Betton, évêque de Juliobona, ai souscrit.

Juliobona, t. II, p. 397; Baudran, dans sa *Géographie*, t. I, au mot *Bajocasses* et au mot *Biducasses*, pour lequel il renvoie au précédent, reconnaissent, je ne sais trop sur quel fondement, l'existence d'une autre cité ancienne, du nom de *Juliobona Biducassium*, dans laquelle on prétend reconnaître Bayeux. Je ne saurais partager leur sentiment. Je ne les contredis pas touchant la dénomination de *Juliobona Biducassium*, attribuée à quelqu'une de nos anciennes cités gauloises ; je ne suis pas en mesure de la discuter quant à présent, et rien ne m'empêche de l'admettre jusqu'à preuve du contraire. Mais je ne puis admettre que ce nom convienne au chef-lieu de notre diocèse. Il est prouvé aujourd'hui que Bayeux s'est appelé *Augustodurus* ou *Augustodurum* après la conquête de César : cette ville aurait-elle eu de plus le nom de *Juliobona?* N'est-il pas plus vraisemblable qu'il appartenait plutôt à quelqu'autre lieu de nos environs ? Serait-il déraisonnable de l'attribuer à cette ancienne cité, dont il ne reste aujourd'hui que des vestiges ensevelis sous le sol et le nom de Vieux donné au village qui la remplace ?

Mais alors on objectera sans doute que cette ville était dès lors détruite, et, de plus, qu'elle n'a jamais joui d'aucun titre épiscopal. Je répondrai d'abord : connaît-on la date précise de la ruine de cette antique cité ? Pourrait-on bien assurer qu'au milieu du VIIe siècle il n'y restait aucune habitation propre à servir de résidence à quelque noble personnage ? Qui peut dire les ravages causés dans ce lieu par l'invasion des Normands survenue depuis cette époque ?

Qu'importe, dira-t-on, cette remarque au sujet qui nous occupe ? Il resterait à montrer que cette ville ait été un siége épiscopal. Cette dernière preuve n'est pas nécessaire. On trouve, en effet, des exemples d'évêques souscrivant avec un titre différent de celui de leur évêché. Sans sortir de la même province, mais un siècle plus tôt, saint Lo, incontestablement évêque de Coutances, qui avait souscrit avec ce titre au second et au troisième conciles d'Orléans, souscrivit en 549 au cinquième concile de la même ville, sous le nom d'évêque de Briovère. *Lauto in Christi nomine episcopus ecclesiæ Constantinæ vel Brioverensis subscripsi.* (Voyez Sirmond, *Conc. ant. Gall.*, t. I, p. 285) (1). Un de ses prédécesseurs, Leontius ou Leontianus, avait aussi souscrit au premier concile d'Orléans (ann. 511), en prenant le nom d'évêque de Briovère, d'après les exemplaires de Reims et de

(1) Au nom de Jésus-Christ, moi, Lo, évêque de l'église de Coutances ou de Briovère, ai souscrit.

Beauvais. *Ex civitate Briovere Leontius episcopus* (1); mais, d'après celui de Corbie, sa signature était : *Leontianus episcopus de Constantiâ* (2). A cette occasion, le P. Sirmond fait remarquer dans ses notes (p. 602 du même vol., au mot *Ecclesiæ Constantinæ*) que, sous le nom de Leontius ou Leontianus, on doit voir le même personnage. Ce savant pense, en outre, que Coutances aurait porté primitivement le nom de Briovère avant l'établissement du camp permanent d'où la ville a tiré son nom, sans perdre d'abord entièrement l'ancien. Cependant on croit généralement que Briovère était plutôt le nom que portait anciennement la ville actuelle de Saint-Lo. Ce mot de Briovère est formé de deux racines, *Bria* ou *Briva*, signifiant *pont* dans le langage des Celtes, et *Vera* qui est le nom de la rivière de Vire. Ce nom composé convient parfaitement à la ville de Saint-Lo, située au bord de cette rivière. Le rocher qui la domine servait anciennement d'assiette à un château fort appelé *Brioverum castrum*, comme si l'on eût dit : le château du pont de la Vire. Il appartenait à saint Lo ; la ville formée à l'entour a pris le nom du saint. Celui-ci se plaisait, dit-on, à résider en ce manoir patrimonial : de là viendrait le titre d'évêque de Briovère avec lequel il a souscrit au cinquième concile d'Orléans. Il en eût été de même probablement de Leontius, son prédécesseur. Par une raison semblable ou pour quelqu'autre, Betton, évêque de Bayeux, aurait pu souscrire au concile de Chalons en prenant le nom d'évêque de Juliobona.

D'autres motifs, en effet, ont pu porter certains évêques à prendre un titre différent de celui de leur siége. Ce pouvait être par un sentiment de piété. De même que saint Louis se plaisait à signer ses actes sous le nom de Louis de Poissy, au lieu de Louis, roi de France, en mémoire du baptême qu'il avait reçu dans cette ville, ainsi certains évêques ont pu se désigner par le lieu de leur consécration. Néanmoins, je suppose un autre motif, un motif canonique. Les règles de l'Eglise défendaient d'ordonner deux évêques pour le même siége. Le concile de Châlons, dont nous avons parlé précédemment, défend aussi que deux évêques habitent la même ville. Il résultait de ces règles ecclésiastiques que, dans les cas où l'âge et les infirmités des évêques titulaires ou quelqu'autre raison exigeaient qu'il leur fût donné un coadjuteur, celui-ci ne prenait pas le titre du siége et résidait dans une autre partie du diocèse. Ainsi, Grégoire

(1) De la ville de Briovère, Léonce, évêque.

(2) Leontien, évêque de Coutances.

de Tours nous apprend (1) qu'Austrapius, désigné pour succéder à Pientius, évêque de Poitiers, reçut la consécration épiscopale en un lieu appelé *Castrum Sellense*, du vivant de Pientius, et porta le nom du lieu de son ordination jusqu'à la mort de cet évêque. Par le fait, Austrapius ne succéda pas à Pientius sur le siége de Poitiers, parce que le roi, dont les dispositions étaient changées à son égard, s'y opposa ; mais ceci ne nuit point à notre remarque. Le même écrivain parle aussi de Mondericus, coadjuteur de l'évêque de Langres (2). Il avait été réglé que ce prélat aurait le titre d'archiprêtre de la ville nommée *Ternodurense castrum* (Tonnerre) et qu'il la gouvernerait en cette qualité tant que vivrait l'évêque titulaire Tetricus. Mais étant tombé dans la disgrâce du roi, il fut établi dans le lieu appelé *Arisitensis vicus*.

Ces exemples nous donnent lieu de supposer que Betton était un évêque coadjuteur résidant à Juliobona. Le P. Sirmond, en rapportant les actes du concile de Châlons, cite ces deux faits et admet l'hypothèse dont nous venons de parler. Voici ses paroles à l'occasion de la signature *Betto de Juliobonâ* : « *Notum olim hujus nominis oppidum in Caletibus, pago Rotomagensi, ubi sedes episcopalis stata non fuit. Bettoni tamen episcopo attributus hoc tempore fuerat hic locus, sicut Austrapio Sellense castrum in Pictonibus apud Gregorium*, lib. IV, ch. XVIII, *et Moderico vicus Arisitensis, ut paulo ante dictum est.* » (*Concilia antiqua Galliæ, notæ ad tomum* 1, p. 620) (3). Le P. Labbe reproduit les notes du P. Sirmond, sans les contredire ; on peut donc le considérer comme partageant l'opinion de son confrère ; mais l'un et l'autre semblent croire que la ville de *Juliobona*, dont Betton prend le titre, était située au diocèse de Rouen. Toutefois, il résulte de ce que nous avons dit plus haut que vraisemblablement ils se trompent en ce point. On peut supposer, sans trop de témérité, qu'elle se trouvait dans le diocèse de Bayeux, soit à Vieux, soit

(1) Grég. de Tours, *Franc. hist., lib.* 4, *cap.* 18.

(2) *Idem, ibidem*, lib. 5, c. 5.

(3) On connaissait anciennement sous ce nom une ville chez les *Caletes* (habitants du pays de Caux), dans le territoire du diocèse de Rouen ; elle n'a pas eu de siège épiscopal. Cependant le titre d'évêque de cette ville fut attribué en ce temps à Betton, comme celui de *Castrum Sellense* chez les Poitevins fut donné à Austrapius, d'après Grégoire de Tours, livre quatrième, chapitre dix-huitième, et comme Modericus a reçu celui du *Vicus Arisitensis*, ainsi qu'il a été dit auparavant.

ailleurs. On est ainsi autorisé à soutenir, jusqu'à preuve du contraire, que Betton doit être maintenu dans le catalogue des évêques de Bayeux. C'est l'opinion d'Hermant dans son histoire de notre diocèse. Trigan, qui rapporte le sentiment de cet auteur, le confirme par cette réflexion : « La place que tient la souscription de cet » évêque immédiatement après celle des autres évêques de la pro- » vince (il a signé après Ragneric, évêque d'Evreux), favoriserait » l'opinion qu'il en était en effet, et, en ce cas, la présomption sem- » blerait entière pour Bayeux. » (*Histoire ecclésiastique de la province de Normandie* par un docteur de Sorbonne, t. I, p. 224.)

On a donc de justes raisons de penser que Betton fut en réalité l'un de nos évêques. Le titre de *Juliobona* avec lequel il souscrit au concile de Châlons prouverait, ou bien qu'il résidait en ce lieu, comme saint Lo à Briovère, ou bien qu'il aurait été l'évêque coadjuteur. Je préfère la seconde hypothèse. Est-on, en effet, bien fondé à prétendre qu'un évêque ait changé son titre et pris celui du lieu de sa résidence, uniquement parce qu'il se plaît à y habiter? Quoi que l'on puisse dire à l'égard de saint Lo et de Leontius, auxquels je supposerais un autre motif, j'aime mieux croire que le titre de Betton ne lui vient pas seulement de ce qu'il aurait fait de *Juliobona* son habitation de plaisance, mais plutôt de ce qu'il aurait d'abord rempli les fonctions d'évêque auxiliaire de Bayeux. Dans ce cas, il eût été le coadjuteur de saint Ragnebert, et il faudrait admettre que celui-ci vivait encore quand le concile de Châlons fut assemblé. Aucun document certain, à notre connaissance, ne combat cette supposition. Nous avons dit, en effet, que certains auteurs rapportaient la mort de saint Ragnebert à l'année 645, mais sans alléguer aucune preuve : c'est pourquoi nous avons la liberté d'admettre que ce saint évêque vivait encore en 650. Les auteurs du *Gallia Christiana* vont beaucoup plus loin (t. II, p. 350). Ils lui attribuent d'avoir signé différénts actes en 658, 659, 663 et 666, et ils ajoutent qu'il mourut le 16 mai, dans un âge très-avancé, sans faire connaître l'année de sa mort. Ces auteurs se trompent évidemment. Ils appellent notre saint, Ragnobert, nom qui appartient à un évêque d'Autun de la même époque : le nôtre s'appelait Ragnebert, et ce n'est pas sa souscription qui se rencontre dans les actes précités. Ils confondent de plus avec lui saint Regnobert, le second de nos évêques, qui est, en effet, mort le 16 de mai, mais plusieurs siècles auparavant. Il nous est impossible d'accepter l'opinion qu'ils avancent.

Toutefois, si nous sommes parvenu à établir d'une manière satisfaisante que saint Gerbold ne succéda pas immédiatement à saint Ragnebert, mais à Betton, rien ne nous indique cependant l'année précise de son élévation à la dignité épiscopale ; car nous ignorons la date de la mort de Betton. On peut dire seulement que saint Gerbold monta sur le siége de Bayeux entre 650, époque où Betton paraît être le coadjuteur de saint Ragnebert, et l'année 675, époque probable de la fondation du monastère de Livry, mais vraisemblablement plusieurs années avant cette dernière date.

Nous sommes obligé de nouveau de contredire ici le *Gallia Christiana*, dont les auteurs avancent que saint Gerbold fonda le monastère de Livry avant son élévation à l'épiscopat. Rien dans nos traditions orales ou écrites ne favorise le sentiment des savants Bénédictins, et je ne trouve dans leur ouvrage aucune preuve à l'appui. C'est au Val-Fleuri, dans la paroisse de Ver, et non pas au Val-Saint, dans la paroisse de Livry, que saint Gerbold paraît avoir fixé son séjour avant de devenir évêque ; un ermitage y avait été bâti. Pour arriver à la ville, lorsqu'il vient prendre possession de son siége, il traverse la paroisse de Saint-Vigor où se produit le nouveau miracle du Champ-Fleuri. Cette dernière paroisse se trouve, en effet, placée près de la ville, sur la route qui conduit à Ver, et non sur celle qui conduit à Livry. Cette seconde raison, je l'avoue, ne serait pas péremptoire, si elle était seule ; mais la première la fortifie et lui donne quelque valeur, surtout à défaut de preuves contraires.

Rien, comme on le voit, ne nous empêche de placer le commencement de l'épiscopat de saint Gerbold entre les années 650 et 675. Dom Bessin, dans son ouvrage intitulé *Concilia Rotomagensis provinciæ*, p. 233, le place vers l'année 660 : nous adoptons volontiers ce sentiment.

Saint Gerbold est l'un de nos plus saints évêques, et le peuple n'a jamais cessé de l'invoquer dans ses infirmités. Imitons ses vertus, son grand amour de la chasteté, sa mansuétude, son assiduité à la prière, son esprit de pénitence, et invoquons-le nous-mêmes avec confiance dans les temps de calamité. Qui nous empêcherait, par exemple, de recourir à son intercession pour prévenir l'invasion de cette cruelle épidémie qui a fait récemment une nouvelle apparition sur plusieurs points de la France, ou pour être préservés de ses atteintes funestes, si elle venait visiter le pays ? Puisse ce saint évêque écarter de sa ville chérie les maux de toute espèce, faire sentir l'effet de ses prières et de ses bénédictions à tous ceux qui l'habitent et à toutes les parties du diocèse qu'il gouverna !

Le Mont-Fleuri dans la paroisse de Ver.

NOTE ADDITIONNELLE A LA VIE DE SAINT GERBOLD.

Depuis la publication de notre notice dans la *Semaine religieuse* du Diocèse de Bayeux, nous avons été averti d'une erreur que nous avons commise au sujet du nom que porte le vallon où saint Gerbold séjourna lors de son arrivée sur notre côte. Ce vallon ne porte pas le nom de *Val-Fleuri*, comme nous l'avons dit, c'est la colline voisine qui est appelée le *Mont-Fleuri*. M. le curé de Ver a bien voulu nous transmettre quelques détails topographiques que nous avons accueillis avec reconnaissance ; nous croyons qu'on en lira volontiers l'extrait suivant.

L'emplacement que la tradition, toute vivante encore maintenant, assigne à l'ermitage que saint Gerbold se construisit après sa navigation miraculeuse, se trouve aujourd'hui dans un lieu découvert et situé à cinq cents mètres seulement du rivage. Le pays a bien changé depuis cette époque reculée. La mer a conquis par ses empiètements une étendue considérable de terrain anciennement occupé par une forêt qui s'étendait sur notre côte, au moins depuis Ver jusqu'à Fresnay, Saint-Côme et dans la mer, peut-être jusqu'au Rocher du Calvados. L'existence de cette ancienne forêt, que les habitants de la côte nomment forêt de Quintefeuille, est indubitable. Elle dut être engloutie subitement sous les eaux dans la saison d'automne. En creusant à une certaine profondeur, on trouve sous le sable des arbres entiers assez bien conservés pour que les riverains les emploient comme bois de charpente dans la construction de leurs maisons et qu'ils s'en servent aussi pour divers usages agricoles, par exemple, pour en faire des charrettes. Outre les arbres de haute futaie, on trouve encore des coudriers avec leurs noisettes, indice certain du moment de l'année où se produisit la catastrophe. Quelle époque faut-il lui assigner ? La tradition locale, en conservant le nom de la forêt, reste muette sur la date de l'irruption des eaux. On peut conjecturer que saint Gerbold ne demeura pas aussi près du rivage que l'est aujourd'hui l'emplacement de son ermitage, mais que fuyant la distraction et cherchant une solitude où il pût vivre ignoré des hommes, il s'enfonça dans la forêt jusqu'au vallon dont nous avons parlé.

Ce vallon est situé non loin du Phare de Ver. « La colline sur laquelle est bâti le Phare, nous écrit Monsieur le curé, s'étend de l'est à l'ouest, en conservant à peu près son niveau jusqu'au mont de Meuvaines, distant de trois kilomètres. Le sommet de la colline s'étend parallèlement à la mer et ne s'en éloigne pas de plus d'un kilomètre. A deux cents mètres à l'est du Phare, s'élève le monticule nommé en langage traditionnel le Mont-Fleuri : parmi les jeunes et les vieux de l'endroit, il n'a pas d'autre nom. Au pied de ce mont, à l'est, se trouve la fontaine dite de Saint-Gerbold. Comblée par des avalanches, il y a trente ans environ, elle a fini par surgir au-dessus de ces remblais : aujourd'hui elle a presqu'entièrement disparu sous le nivellement fait par le propriétaire du terrain.

» Au-dessus de la fontaine, à cent mètres nord-ouest, était la chapelle dite de Saint-Gerbold, dont on voyait encore, il y a quarante ans, les côtières et les gables. Les anciens de Ver m'ont parlé d'un monolithe servant de seuil à la porte principale et que l'on appelait le Perron-Saint-Gerbold. Il passait pour être la meule de moulin qui servit de nacelle au saint qu'elle devait par son poids entraîner au fond des eaux.

» Le Mont-Fleuri occupe vers la mer l'extrémité de la colline dont on a parlé précédemment ; il en forme comme le cap. Le val au nord de ce mont porte le nom de Val-Saint-Gerbold (le plan cadastral en fait foi), mais jamais, de mémoire d'homme, il n'a été connu sous le nom de Val-Fleuri.

» La fontaine, l'emplacement de la chapelle, le cimetière qui l'entourait, sont situés à l'extrémité est du Val-Saint-Gerbold.

» Le propriétaire du Mont-Fleuri, en défonçant le terrain pour le rendre plus productif, a mis à nu plusieurs cercueils de pierre, environ sept à huit, dont quelques-uns renfermaient des squelettes bien conservés. Embarrassé du parti que je devais prendre à l'égard de ces ossements, j'appelai sur les lieux M. l'abbé Hébert, alors doyen du canton, et avec lui plusieurs confrères voisins ; de leur avis, je fis cacher les ossements plus profondément en terre. M. le Doyen exprima l'opinion que ces restes humains avaient au moins quatre cents ans d'antiquité. »

Caen, Domin, imp. de Mgr l'Evêque de Bayeux et Lisieux, cour de la Monnaie.

3 7502 00972624 3
BIBLIOTHEQUE NATIONALE DE FRANCE

www.ingramcontent.com/pod-product-compliance
Lightning Source LLC
LaVergne TN
LVHW020309230826
846091LV00006B/2612

* 9 7 8 2 0 1 1 7 6 3 4 6 4 *